QUESTIONS

DE POLITIQUE

EUROPÉENNE,

ET SOMMAIRES

DE PLANS DE CAMPAGNE

CONTRE LES TURCS.

LE NORMANT FILS, IMPRIMEUR DU ROI,
RUE DE SEINE, N° 8, F. S. G.

QUESTIONS

DE

POLITIQUE

EUROPÉENNE,

ET SOMMAIRES

DE PLANS DE CAMPAGNE

CONTRE LES TURCS.

Par un ancien Chef-d'Etat-major du Ministère de la guerre, etc. etc.

PARIS.

BOCQUET ET Cie, PASSAGE CHOISEUL, Nos 44-46.
TOUS LES MARCHANDS DE NOUVEAUTÉS.

20 AVRIL 1828.

D'ANCIENNES relations avec les princi-
paux personnages de la nation grecque,
relations qui étaient dûes aux circonstances
dans lesquelles j'avais été placé, amenèrent
chez moi, lorsque j'étais prisonnier de
guerre à Saint-Pétersbourg, la plupart des
Grecs qui avaient de l'influence dans leur
pays. Informé d'avance des projets médités
par les patriotes de cette nation; projets
que nul n'aurait soupçonné devoir plus

tard être qualifiés de révolutionnaires, je fus peu surpris de voir arriver, au commencement de 1821, le docteur H...., envoyé par le prince Alexandre Ypsilanti, pour me demander ma coopération à son entreprise, à cause de la confiance qu'il voulait bien mettre dans mon expérience des affaires de guerre et de politique. Je fus contraint de rejeter cette proposition, car je ne crus pas un instant que le prince fût autorisé par la Russie, comme on sembla le penser généralement dans ce temps. J'aurais fort souhaité qu'il m'eût été possible de persuader au général Ypsilanti que son entreprise était prématurée et mal conçue. Malheureusement il était déjà trop tard, et la levée de boucliers se fit.

J'ai toujours pensé que les forces morales avaient seules le pouvoir de mettre en activité les forces physiques. Les peuples des principautés, comme on appelle en Russie les Valaques et les Moldaves, sont façonnés à l'esclavage et encore trop abrutis pour concevoir une telle entreprise et s'y porter avec courage. L'esclave, fils d'esclave, ne connaît pas les droits qu'il a reçus du père commun des hommes ; il croit qu'il y a deux espèces d'hommes ; il croit que l'une de ces espèces est destinée, comme les moutons, à être mangée par les loups, et qu'il doit se résigner, étant de l'espèce qui doit être mangée. Comment connaîtrait-il les droits de l'humanité et les principes de la justice, s'il n'en a jamais entendu parler et s'il ne les a jamais vu pratiquer ? L'issue funeste de l'entreprise du prince Ypsilanti devait être prévue par tous les hommes d'expérience. On lui doit toutefois cette justice, à ce bon et brave Ypsilanti, qu'il était animé par de nobles sentimens.

Les révolutions veulent des victimes ; le sang grec versé dans les principautés alluma la guerre de la Morée qui dure depuis cette époque. Les Grecs devront honorer la mémoire d'Ypsilanti, malgré sa défaite, car c'est à l'exemple qu'il leur donna, d'avoir osé prendre les armes contre leurs farouches maîtres, qu'ils devront leur liberté.

N'ayant point cessé, depuis le premier jour, malgré les préjugés de la politique dominante, de regarder cette cause comme celle de l'humanité entière, comme celle de la religion, j'ai suivi avec un vif intérêt la marche des affaires de ce pays. Consulté fréquemment, j'ai la consolation de n'avoir pas donné d'avis désavantageux et d'avoir prévu dès le commencement qu'une cause si sainte triompherait de tous les obstacles, de toutes les calomnies, enfin de tous les intérêts d'une politique routinière ou inhumaine. Cependant j'ai refusé les offres réitérées d'être le général des Grecs, parce que je connaissais parfaitement le pays, et mon insuffisance pour surmonter les difficultés que je rencontrerais. Le lieutenant-général Church a eu plus de confiance en lui-même; on a vu le résultat, on a vu comment il a été complètement défait pour son début, et que depuis il n'a pu rendre aucun service au pays. J'avais hautement prédit ce qui lui est arrivé; j'écrivis à mon ami, le général Th. Gordon: « Tâchez que le général Church » ne livre point de bataille, principalement » pour son début, car il sera battu inévita- » blement », et je développais les motifs de cette opinion. Enfin, j'envoyai exprès le major Urguhart; tout fut inutile : le major arriva pour être témoin de la destruction des meilleures troupes qu'eussent les Grecs.

Je n'ai point cessé de dire que les infor- tunés Grecs seraient détruits jusqu'au der- nier, et leurs femmes et leurs enfans envoyés en esclavage en Asie, à moins qu'avec les fonds des emprunts ou des comités, on n'envoyât à leur secours une force régulière d'au moins trois mille hommes. Malheu- reusement je ne fais pas assez de bruit dans le monde pour avoir beaucoup de crédit, et le comte Capo-d'Istria , et M. Eynard exceptés, chacun affirmait que ce serait faire beaucoup de mal que d'envoyer des troupes auxiliaires. Plus tard cependant cette opinion a obtenu quelque crédit.

Ayant donc suivi, depuis le commencement, avec un vif intérêt, les affaires de la Grèce, et connaissant le caractère des deux peuples, je dois être supposé en état d'en parler avec quelque jugement.

QUESTIONS

DE

POLITIQUE EUROPÉENNE,

ET SOMMAIRES

DE PLANS DE CAMPAGNE

CONTRE LES TURCS.

⊶◉⊷

La résistance des Turcs, leur obstination à refuser d'accéder au traité de Londres, rend la guerre inévitable. De tous les côtés, l'honneur est compromis ; les notes diplomatiques n'y peuvent plus rien, et il y a déjà long-temps qu'elles n'y peuvent rien. Il ne fallait pas une prévoyance surnaturelle pour apercevoir que la force des choses amènerait ce résultat. Ce qui a quelque droit d'étonner, c'est l'aveuglement de certains politiques officiels, qui ne veulent pas voir les choses telles qu'elles sont, et qui s'obstinent à ne les voir que telles qu'ils voudraient qu'elles fussent.

J'accorde et reconnais cette vérité, que
l'Europe a encore besoin de la paix, que
même sa conservation serait le plus grand
bienfait; mais je ne sais pas accorder les désirs manifestés par la diplomatie pour sa
conservation, désirs que je crois cependant
sincères, avec le traité du 6 juillet. Pour faire
voir que mon embarras est réellement fondé,
je prendrai la liberté de soumettre aux diplomates de l'Europe quelques raisonnemens en
forme de dilemmes.

Le combat de Navarin était-il dans ce traité,
c'est-à-dire ce combat ou tel autre acte d'hos-
tilité pouvait-il être le résultat du traité? Si
on répond non, il en résulte que le traité
était plus qu'inutile, c'était une vaine for-
fanterie indigne des puissances. Si on répond
oui, le traité était donc contraire au désir
manifesté de conserver la paix, et il faut bien
répondre oui, puisque les souverains dont les
forces navales ont été engagées à Navarin,
ont tous accordé des faveurs éclatantes à leurs
officiers. Autrement, il faudrait croire que
les amiraux anglais, français et russes ont
violé leur devoir, méprisé leurs instructions;
et, malgré cela, ou à cause de cela, ont été
récompensés, ce qu'en vérité on ne peut sup-

poser. Je sais fort bien que plus tard le dis-
cours de la couronne d'Angleterre a prétendu
que la destruction de la flotte turque était
l'effet d'un *malentendu*; mais je n'ai pas appris que le roi de France et l'empereur de
Russie, qui en savent bien quelque chose,
aient manifesté une pensée si étrange.

Autre raisonnement : les puissances sont
pénétrées du besoin de conserver la paix, et
elles font un *petit bout de traité* par lequel
elles enjoignent au souverain qui s'intitule
le souverain des souverains (*Sultan-us-séla-
tinn*), le coryphée des monarques (*seyyid-us-
selatin*), le roi des rois, de leur obéir, et de
souscrire à ce qu'elles ont réglé pour lui, sous
peine de punition. Avec la meilleure volonté
du monde, le Sultan ne pouvait se soumettre
au traité du 6 juillet qu'à la dernière extré-
mité, qu'après y avoir été réduit par la force,
car sa loi religieuse s'y oppose aussi énergiquement que positivement. Autant valait proposer au Sultan de se faire chrétien; il y a
des propositions qui ne peuvent pas se faire.
Lorsqu'on veut conserver la paix, il y en a
qui ne peuvent se faire que les armes à la
main, et d'autres, qu'après avoir combattu
et vaincu. Les propositions contenues dans

le traité du 6 juillet sont de cette dernière espèce.

Mais que penserait-on et que répondrait-on à une ou plusieurs puissances qui viendraient dire à l'Angleterre : Vous maltraitez les Irlandais, vous leur refusez les mêmes droits qu'aux autres sujets anglais, nous ne le voulons plus souffrir ; il nous plaît que vous les laissiez libres chez eux ? Il me paraît que l'*ultima ratio* serait la seule réponse que l'on obtiendrait de la Grande-Bretagne, et pourtant la loi religieuse ne serait pas, dans ce cas, un obstacle.

Convenons donc qu'il y a des manières de vouloir la paix qui équivalent à des déclarations de guerre.

La guerre étant inévitable, il y a deux questions principales à examiner.

La première question est de savoir si, pour en finir, les Russes chasseront les Turcs de l'Europe.

La seconde, si l'on se bornera à assurer par la force l'indépendance des Grecs, et enfin, quels sont les moyens qui dans ce dernier but doivent être employés de préférence.

Nous allons examiner sommairement ces deux questions.

PREMIÈRE QUESTION.

Chassera-t-on les Turcs d'Europe?

Touchant cette grande et importante question, les avis sont fort partagés, et ce n'est pas une chose qui doive surprendre.

Les cabinets de Londres et de Vienne sont fort effrayés; on l'est, je crois, un peu moins en France, et l'on a raison.

Les diplomates routiniers tremblent devant l'ambition de la Russie; ils tremblent devant son agrandissement.

Ceux de Vienne tremblent d'avoir pour voisins les Russes; ils préféreraient garder à tout jamais les Turcs; l'état de décadence dans lequel ils sont tombés rend en effet leur voisinage fort peu redoutable, et par cela même, fort commode; mais enfin, il faut bien se résoudre à souffrir ce qu'on ne peut empêcher.

Les marchands anglais engagés dans le commerce du Levant, tremblent de voir les affaires qu'ils font avec les Turcs interrompues pour un temps. Ils ressemblent aux vieux diplomates, tout changement quelconque leur déplaît; cela se conçoit aisément: des marchands

qui connaissent et fréquentent depuis long-
temps une route commerciale, se soucient
peu de voir leurs bénéfices suspendus, même
dans l'espoir d'un meilleur avenir commer-
cial, même lorsqu'il est question de savoir si
une nation chrétienne sera ou non détruite.

Il faudra bien toutefois que les diplomates
et les marchands de Constantinople, de Smyrne
et des autres Echelles prennent leur parti, car
autant vaudrait essayer d'empêcher la terre
de tourner, que d'essayer d'empêcher certains
événemens d'avoir lieu.

Avec un peu de réflexion, tant d'épouvante
pourrait se calmer, mais combien est petit le
nombre des hommes qui voient les choses
comme elles sont!

Et d'abord, est-il bien prouvé que l'empereur Nicolas soit aussi ambitieux qu'on essaye
de le faire croire? Nous avons quelque raison
de penser qu'il est, quoique jeune, plus sage
qu'ambitieux.

L'empereur Nicolas est sévère observateur
de sa parole, ce n'est pas lui qui violera l'esprit du traité du 6 juillet; mais s'il est sévère
observateur de sa parole, il a aussi de la di-
gnité et de la grandeur dans le caractère; il
voit l'honneur de sa couronne compromis par

tueux que craintifs. Bientôt il s'établit une
multitude de petits pouvoirs occultes, qui en-
fante un petit ordre de chose si frêles, qu'un
matin les petits architectes s'aperçoivent que
le souffle des forces qu'ils avaient compri-
mées, a suffi pour faire évanouir leur édifice.

Durant la jeunesse de Louis XIV, le courage,
le savoir, l'amour des lettres et des beaux-
arts, étaient des titres glorieux qui attiraient
les regards et la faveur du grand roi, tout le
monde voulait être vaillant et spirituel. Durant sa vieillesse, chacun voulait faire son salut, par le chemin des honneurs et de la for-
tune;... mais je m'arrête, ce n'est pas une dis-
sertation morale qui m'occupe.

D'ailleurs la prudence me dit qu'il faut
prendre garde aux interprétations malveil-
lantes, et l'expérience m'apprend que chaque
temps a son ridicule, sa manie, qu'il ne faut
pas heurter; ainsi donc prenons l'époque telle
qu'elle est, et revenons aux Grecs.

DEUXIÈME QUESTION.

Se bornera-t-on à assurer par la force l'indépendance des Grecs, etenfin quels sont, dans ce but, les moyens qu'une saine politique doit engager les puissances à adopter de préférence?

Il me serait peut-être plus facile d'obtenir l'assentiment des cabinets en faveur de mes vues, sur la première partie de cette question, que sur la seconde. Toutefois, quoi qu'il arrive, que mes idées soient adoptées ou qu'elles soient repoussées, ce n'en est pas moins une obligation à mes yeux, pour l'homme de bien, de faire connaître ce qu'il sait, avec une pleine conviction, devoir être utile à l'humanité en général.

Pour assurer la liberté des Grecs, il ne faut ni de grands efforts, ni le développement d'une grande force.

6 mille hommes et un bon chef suffisent, savoir : 5 mille hommes d'infanterie, 500 chevaux, et 500 hommes, artillerie, train d'artillerie et ouvriers.

Il n'y a pas un véritable homme de guerre, connaissant le pays et l'état moral des parties belligérantes, qui ne puisse se charger sur sa tête, d'assurer la liberté de la Grèce avec les faibles moyens que j'indique. Il est important que le chef de cette troupe auxiliaire connaisse le caractère des peuples auxquels il aura affaire. Je me rappelle qu'en Espagne, ayant fait prendre les armes et tirer le canon pour la procession de la Fête-Dieu, cet acte spontané et si naturel de respect religieux, me valut la confiance des Espagnols de tous les partis, et me donna le pouvoir moral de faire quelque bien. En ce temps-là, j'étais jeune; j'agissais par inspiration; aujourd'hui que je ne le suis plus, si j'avais à faire la guerre en Turquie, l'expérience me dicterait de faire respecter les mosquées, la pudeur des femmes, et, autant que possible, l'orgueil excessif des Musulmans. Ces soins n'empêchent pas de vaincre, et souvent aident à la victoire. Je suis persuadé que l'excellente discipline maintenue par Mgr le Dauphin en Espagne a beaucoup facilité les succès de cette campagne. Que ceux qui iront combattre les Turcs soient imbus de ce principe, qu'ils sont chargés de faire triompher la cause de l'humanité contre la barbarie, et qu'ils ne peuvent y parvenir s'ils agissent eux-mêmes

en barbares. Les Turcs ont eu, comme les
autres nations, leur époque de grandeur. Le
vainqueur de Rhodes, Soliman, alla visiter le
vaillant grand-maître Villiers-de-l'Ile-Adam,
et il montra du respect pour le courage malheureux; en sortant du palais du grand-maître,
il dit à Achmet pacha, ces belles paroles :
« Ce n'est pas sans regret que j'oblige ce vail-
» lant Chrétien de sortir à son âge de sa mai-
» son. »

De quel pays que viennent ces troupes auxiliaires on doit embarquer peu de chevaux.
Premièrement, parce que le transport des chevaux par mer coûte fort cher. Secondement,
parce que la plus grande partie des chevaux
de troupe que l'on transporterait dans ce
pays y périraient, ou seraient d'un mauvais
service, à cause de la différence du climat et
de la nourriture. Je fais cette réflexion, parce
que j'ai entendu dire que l'on transformait
beaucoup de navires en écuries, et que l'on
avait fait des marchés de fourrages. Ce sont
des frais considérables parfaitement en pure
perte.

On se servira avec avantage de chameaux
pour les transports des vivres, des munitions,
et même de l'artillerie de montagne; on

trouvera des chameaux en Morée. Les mulets sont aussi d'un bon service; il est facile de s'en procurer de bonne espèce en Sicile, et dans le royaume de Naples; presque toute la cavalerie doit s'embarquer démontée, elle trouvera de beaux et bons chevaux en Eubée, où le débarquement doit avoir lieu, pour les raisons que j'indiquerai tout à l'heure. Il n'y a pas à craindre que la cavalerie du pacha de Négrepont s'échappe, à moins que Mahomet ne s'en mêle, et ne métamorphose les chevaux turcs en dauphins.

Il paraît qu'Omer, pacha de Négrepont, est un des meilleurs généraux turcs, et qu'il est homme de cœur. Sa cavalerie est de 9 cents à mille chevaux au plus : il y a dans l'île environ 8 mille Turcs ; le reste de la population est composé de Grecs.

Il faut joindre à cette force de 6 mille hommes 18 à 20 canonnières, dont 8 à 10 à vapeur. Cette flotille ne pourrait être mieux commandée par personne que par le brave amiral lord Cochrane : pour opérer avec succès dans cette guerre, principalement contre Ibrahim, il faut nécessairement la coopération d'une flotille de canonnières.

Je suppose que les forces navales que les

puissances ont l'habitude d'entretenir dans le Levant, et qu'il n'est nul besoin d'augmenter, auraient l'ordre de contenir l'escadre du Sultan et celle du pacha d'Egypte, car tout n'est pas détruit, comme on a bien voulu le dire, et il reste encore aux Turcs bon nombre de vaisseaux et de frégates. Toutefois, si les puissances alliées se refusaient à faire faire à leurs escadres ce service, la flotille le remplirait, et avec succès, car les Turcs sont encore plus mal habiles sur mer que sur terre.

Les 6 mille hommes de troupes auxiliaires devraient être débarqués dans l'île de Négrepont, et commencer les opérations de cette guerre, par chasser le pacha et tous les Turcs qui occupent ce pays. Il faudrait empêcher le pillage et la dévastation, et pour cela ne point employer de Grecs à cette expédition : car ils ont des vengeances à exercer et ne sont pas encore assez disciplinés pour qu'il soit possible de les contenir dans le devoir. L'île d'Eubée ou Négrepont n'a pas souffert, les ressources qu'elle contient sont précieuses, et doivent être ménagées avec soin.

La petite armée auxiliaire, maîtresse de l'Eubée, doit y établir ses magasins de réserve, ses hôpitaux, et en faire le centre de ses opérations.

A propos de magasins de réserve , j'engage l'administration à sortir de ces routines habituelles et à ne pas croire que les troupes puissent être nourries dans ce pays comme dans une guerre sur le Rhin. Les principes les plus vulgaires de l'hygiène ont été jusqu'à ce jour négligés ou méprisés. Il y a beaucoup à dire sur la nourriture des soldats dans ce pay-, si l'on veut éviter les épidémies.

Aussitôt la conquête de l'Eubée assurée , il faut envoyer un détachement s'emparer des Thermopyles, et y faire des ouvrages défendus par de l'artillerie. Les Turcs d'à présent ne ressemblent pas aux Turcs d'autrefois, ils ne sont pas grands preneurs de fortifications, malgré qu'ils aient depuis long-temps une école du génie ; et en peu de temps un ou deux capitaines du génie français peuvent faire, dans ces défilés, quelques fortins imprenables pour les Turcs. On y laisserait une garnison permanente avec des vivres et des munitions pour quelques mois. Les positions une fois reconnues, si, par événement, ces garnisons étaient attaquées , le corps auxiliaire viendrait les délivrer, et ce n'est pas vingt mille Turcs qui l'en empêcheraient.

Le corps auxiliaire ne doit point cantonner dans la Morée; il n'y doit venir que pour combattre Ibrahim, s'il est nécessaire. La Morée est entièrement saccagée et dévastée, il n'y a point de raison pour pénétrer dans l'intérieur de ce pays, qui n'offre aucune ressource et où il n'y a point d'ennemis à combattre. Le littoral seul est occupé par les Egyptiens et les Turcs.

En défendant les passages des Thermopyles, et en coupant les communications d'Ibrahim par mer, il sera bientôt détruit ou forcé à mettre bas les armes : c'est l'affaire de quelques mois.

Les marchands anglais et grecs des sept îles approvisionnent les places fortes du Péloponèse occupées par les Turcs, il faut les en empêcher, traiter avec rigueur ceux qui enfreindraient la défense, et bientôt toutes les places fortes seront obligées de se rendre par famine.

Dans le cours de la campagne qui va s'ouvrir, on peut délivrer l'île de Négrepont et le Péloponèse des barbares, et renvoyer à la culture des terres les débris de la population grecque échappés aux massacres dont cet infortuné pays est le théâtre depuis sept années.

Il y a nécessité de se hâter de prendre cette mesure, si l'on veut que les faibles débris de ce peuple échappent à la famine, fléau aussi destructeur que le glaive turc.

On ne doit retenir sous les drapeaux qu'un petit nombre de Grecs, des plus jeunes, auxquels on doit montrer, *par l'exemple*, la science de la guerre.

J'écrivais en avril 1826 : « Tout ce que l'on fait maintenant pour les Grecs est certainement fort louable, mais ce n'est pas ce qu'il faudrait faire, et tout ce que l'on fait sera insuffisant pour les sauver. Voulons-nous sauver les Chrétiens d'Orient de la destruction, le voulons-nous sérieusement ? »

« Commençons par envoyer un corps auxiliaire de troupes régulières, c'est une nécessité absolue, indispensable; autrement, la destruction des Grecs est inévitable. »

« Un corps auxiliaire de troupes régulières est d'une nécessité absolue pour sauver ce peuple, et cette nécessité ne provient pas de ce que les Grecs manquent de bravoure individuelle, loin de là ; ils sont encore dignes de leurs ancêtres, sous le rapport du courage : on peut même affirmer que les vertus héroïques ne sont pas totalement éteintes parmi cette nation ; seulement ils manquent de science militaire, de tactique. Les bataillons réguliers déjà formés en Grèce ont autant besoin d'*exemples* de la discipline européenne que le reste de la nation. » —

« Le Grec moderne ne pourra comprendre la force des bataillons que par l'EFFET DE L'EXEMPLE. C'est l'exemple seul qui peut lui faire apprécier l'importance de l'immobilité dans le rang, et du pas cadencé. Jusqu'à ce jour, le Grec croit qu'il faut affronter l'ennemi, le braver; il n'entend que la tactique individuelle, le combat corps à corps comme les héros d'Homère. »

« Que ceux qui pensent que je me trompe daignent faire cette réflexion. Il est allé en Grèce plusieurs bons officiers français, cependant ils n'ont pas réussi à faire des Grecs des soldats véritables. Le colonel Fabvier se consume en efforts vains, sa persévérance n'aboutit à rien; cependant il a de l'expérience, et il est habile; la cause des efforts infructueux qu'il a faits, vient uniquement de ce qu'il n'a point à offrir aux Grecs un *exemple* de la supériorité des principes qu'il veut leur faire adopter. »

Aujourd'hui cette vérité, qu'un corps auxiliaire est nécessaire pour sauver les Grecs, n'est plus contestée, et la politique inepte et inhumaine qui les faisait considérer comme des sujets révoltés contre la légitimité, comme des révolutionnaires enfin, est tombée dans le mépris.

Le traité du 6 juillet, le combat de Navarin, le manifeste du Sultan, la déclaration de l'empereur Nicolas, sont des gages certains, *pour peu qu'on ait d'intelligence*, comme dit le Sultan Mahmoud, que la délivrance de la Grèce est assurée, car l'honneur des puissances est compromis.

Mais qu'attend-on pour agir? sept années n'ont-elles pas suffi pour délibérer? Si les puissances ne sont point encore d'accord, qui les accordera et comment s'accorderont-elles?

On prétend qu'un personnage influent a dit qu'il voudrait que tous les Grecs fussent au fond de la mer. J'entends bien que cela étant, la question serait résolue, et qu'il y aurait alors peu de nécessité d'envoyer des troupes pour les sauver. Mais enfin, comme ils ne sont pas au fond de la mer, qu'Ibrahim n'a pas envie de les noyer, qu'il préfère les massacrer et faire esclaves les femmes et les enfans; attend-on que ce féroce Ibrahim ne trouve plus de victimes? Je confesse que le vœu le plus sincère que j'aie jamais formé est d'avoir à combattre ce sanguinaire Ibrahim. Le plus beau jour de ma vie serait celui où j'anéantirais Ibrahim et ses hordes sauvages.

Puisque enfin il est évident que les puissances ne sont pas d'accord, essayons de proposer un ou deux moyens de les accorder.

Chacun est jaloux, redoute l'ambition du voisin, et a peur. L'Autriche a peur, l'Angleterre a peur, la Turquie a peur, la Russie fait peur à tout le monde. La France seule n'a peur de personne et ne fait peur à personne; c'est peut-être encore la meilleure situation.

Examinons les raisons de chacun, et pesons-les équitablement.

L'Autriche est si voisine de la Turquie et de la Russie qu'il n'est pas étrange que les événemens qui se préparent l'inquiètent et la préoccupent. Elle n'est pas encore bien rétablie des convulsions qu'elle a éprouvées, ses finances ne sont pas dans un état prospère ; elle a besoin du *statu quo*. Il est donc aisé de concevoir qu'elle redoute un choc quelconque. D'ailleurs, par les derniers traités, elle a trop gagné pour n'avoir pas envie de jouir paisiblement. Les chances de l'avenir sont

incertaines, les événemens pourraient en
amener de défavorables. Tout nous a profité;
nous sommes bien, dit-on à Vienne, nous
jouissons paisiblement, tenons-nous en repos,
s'il est possible. A la bonne heure, s'il est
possible !

L'Angleterre, par la nature de son gouvernement et de ses intérêts nationaux, est un
pays qui fait la guerre et la paix difficilement,
et ne fait l'un ou l'autre que pour de bonnes
et valables raisons. Elle dit maintenant : La
guerre a été assez longue, elle nous a coûté
assez cher; nous avons beaucoup gagné en
prépondérance; nous avons acquis toutes les
positions navales dont nous avions besoin pour
envahir le commerce du monde; nous en
jouissons, jouissons-en en paix, *ad vitam
æternam.*

Puis, les affaires de Portugal sont-elles
finies? Assurément non. Le premier acte ne
vient que de commencer, et la pièce sera longue et tragique, et si l'Espagne s'en mêle, et
elle s'en mêlera, ou d'une manière occulte, ou
d'une manière patente, si elle l'ose. Et nos
capitaux engagés dans ce pays, et les nombreuses maisons anglaises qui y sont établies,
qu'est-ce que tout cela deviendra? Tous ces

intérêts sont tellement importans, et l'avenir de la Péninsule est si incertain, que ce n'est pas un moment opportun pour nous engager dans une querelle qui nous est étrangère.

D'ailleurs, comment ferions-nous la guerre? tout est admirablement arrangé chez nous pour la paix; puis encore, il est bien vrai que le peuple est heureux et riche, mais la nation a d'immenses capitaux placés dans les pays étrangers; mais s'il est vrai que le peuple est riche, le gouvernement ne l'est guère; une dette excédant la valeur de toutes les terres de la Vieille-Angleterre, absorbe la plus forte partie des revenus; comment augmenter les charges et les dépenses? comment se décider à faire de nouveaux emprunts? Mieux vaut vivre en paix, et chercher des expédiens pour diminuer notre dette publique. En vérité, je ne saurais blâmer l'Angleterre, car je trouve tous ces calculs fort clairs : ce dont il faut blâmer l'Angleterre, ou, pour être plus équitable, son ministère, c'est d'avoir bouleversé le Portugal.

De quelle manière que l'on veuille expliquer la politique de l'Angleterre, relative aux affaires de Portugal, il est difficile de trouver un moyen de la justifier. Un ambassadeur anglais est venu exprès du Brésil, sur une fré-

gate anglaise, apporter à Lisbonne la constitution de Don Pedro, et dès que cet acte souverain, émané de l'héritier légitime de la couronne, a été en danger d'être attaqué, un corps
de troupes anglaises, commandé par un général distingué, a été embarqué en toute hâte
pour soutenir le système constitutionnel donné
au Portugal.

Il ne s'agit plus aujourd'hui de savoir lequel des deux systèmes devait être préféré
pour ce pays, et si la politique de M. Canning
était la meilleure que l'Angleterre pût suivre ;
la question n'est pas là.

La véritable question est celle-ci : la constitution de Don Pedro est un acte spontané de
sa volonté ou un acte provoqué par l'Angleterre ; concédons, malgré les fortes apparences
contraires, que l'Angleterre n'a pas provoqué
cet acte, il reste du moins incontestable qu'elle
l'a adopté et protégé avec empressement,
puisqu'un personnage de l'importance de lord
Stuart est venu lui-même l'apporter en Portugal, et que des troupes anglaises ont été
envoyées pour soutenir ce système dès qu'il
a été attaqué. L'appui des troupes britan-
niques, la volonté ferme, énergiquement
exprimée par le gouvernement anglais, de

soutenir la constitution de Don Pédro, sont des actes si précis, si décisifs, qu'ils ont dû nécessairement entraîner en Portugal beaucoup d'adhésions à la constitution, et établir, pour le public, la conviction que cette forme de gouvernement était celle à laquelle il fallait se soumettre, et qu'il fallait défendre.

Maintenant que la nation est divisée en deux opinions, ou plutôt deux factions, factions que vous avez provoquées, créées, excitées, vous venez dire froidement au parti que vous avez mis en avant, et qui s'est compromis par la confiance qu'il avait placée dans la bonne foi britannique ; vous venez dire à ce parti : « Nous avons changé d'avis, tirez-vous d'affaire comme vous le pourrez ; d'ailleurs, nous venons de nous ressouvenir d'un principe qui est qu'aucune puissance ne doit intervenir dans les affaires intérieures d'une autre puissance. » Mais vous répondent les malheureux Portugais que vous livrez aux poignards : « Maudit soit votre principe, il nous coûtera les biens et la vie. Si votre principe est vrai aujourd'hui, pourquoi vous êtes-vous mêlés de nos affaires, pourquoi avez-vous apporté une constitution chez nous, et pourquoi avez-vous envoyé des troupes pour les insultes de la Turquie, il ne le souffrira certainement pas patiemment, comme un prince lâche et faible, car il y a en lui du grand, de l'héroïque.

Ensuite, est-il bien prouvé que si la Russie s'emparait de la Turquie d'Europe, sa puissance en serait augmentée?

Nous sommes si loin d'être de cette opinion, quelque accréditée qu'elle soit, quelque popularité diplomatique qu'elle ait obtenue, que nous pensons précisément tout le contraire.

La force des états consiste dans la population et dans l'agglomeration de cette population, sans égard à l'étendue du pays. Telle est notre opinion.

Un état qui a trente millions de population est plus fort que celui qui en a moins; et à population égale, celui dont les habitans sont les moins disséminés est le plus fort. Telle est notre opinion.

Si avec une quantité de matière donnée on fait un câble, il faudra un grand développement de force pour le rompre; si avec la même quantité de matière on fait un fil, il sera plus long, mais la force d'un enfant suffira pour le rompre. La comparaison ne doit

pas choquer : c'est le nombre et l'aggloméra-
tion de la population, qui fait la force des
états, et non leur étendue territoriale.

Si la Russie faisait la conquête de la Turquie d'Europe, ce qui ne lui est pas si difficile qu'on le dit en Angleterre, et qu'elle
eût la fantaisie d'incorporer à son empire ces
vastes pays, les puissances de l'Europe devraient la laisser faire, car cet empire, si
jeune et si vigoureux, perdrait immédiate-
ment la moitié de sa force, et deviendrait
subitement caduc.

Les Romains ont pu envahir et soumettre
à leur domination la plus grande partie du
monde connu; mais ce temps-là est passé.
L'esclavage n'existe plus en Europe. De nos
jours, la civilisation et l'art de la guerre ont
fait de tels progrès, que l'empire du monde
ne peut plus être conquis. Si le rétablissement d'une monarchie universelle avait pu
être exécuté, Napoléon n'aurait pas échoué.
J'engage les politiques à méditer cette observation. A présent qu'une parcelle du rocher
de Sainte-Hélène recouvre le corps de celui qui
fit trembler l'Europe, on peut sans danger
reconnaître que lui seul avait assez de génie
pour réussir dans une telle entreprise, si elle eût

été possible. En vérité, je vous le dis à vous, ministres d'Etat et de cabinet, la monarchie universelle n'est pas de ce siècle. Pensez-vous qu'un peuple chrétien et un peuple musulman puissent habiter le même sol et vivre ensemble ; comme des concitoyens soumis aux mêmes lois? Non, vous ne le pensez pas, car vous ne pensez pas que des loups et des brebis puissent habiter la même bergerie. Cessez donc de croire que l'état de civilisation, qui exige la liberté ; soit compatible avec la monarchie universelle dont le principe vital est le despotisme.

Nous ne verrons jamais régner le même souverain à Constantinople et à Saint-Pétersbourg ; les peuples de la Finlande, d'Archangel, du Kamtchatka, de la Sibérie, d'Orenbourg et d'Astrakan, ne seront jamais, pendant vingt années, soumis aux mêmes lois que ceux de Constantinople et de la Grèce.

C'est tout au plus si la population actuelle des nombreuses provinces de l'empire de Russie est la moitié de ce qu'elle pourrait être.

Incorporez à l'Empire de Russie, la Turquie d'Europe, et toute la population turque passera en Asie. Avec quoi alors repeuplerait-on ces vastes pays? La Crimée est restée dé-

serte après la conquête ; et après quarante
ans, la Russie n'a pas encore pu repeupler ce
beau pays. Pense-t-on que cette conquête de
Catherine-la-Grande, dont on a tant parlé, ait
notablement augmenté la puissance russe?

Quelques palatinats polonais ou la Lithua-
nie, pays peuplés d'une belle et brave race
d'hommes, ont bien davantage augmenté cette
puissance.

Par la réunion de la Turquie d'Europe,
bien loin d'ajouter aux forces de la Russie, on
l'affaiblirait. Cette augmentation énorme de
territoire l'énerverait subitement ; la Russie
deviendrait vulnérable sur tous les points, et
l'étendue démesurée de cet empire rendrait
sa dislocation aussi inévitable que prochaine.

Qu'il soit donc reconnu que la possession
de vastes déserts, lors même qu'ils seraient
susceptibles d'une grande fertilité par la culture, loin d'augmenter la puissance d'un état
déjà trop étendu, sont une cause immédiate
d'affaiblissement et de ruine.

Assurément, si les états qui sont intéressés à
empêcher que la Russie n'augmente en puissance, lui disaient : satisfaites votre ambition
à loisir, envahissez la Turquie d'Europe, chas-
sez-en les Turcs, établissez-y des colonies mi-

litaires, d'après l'excellent système des Romains, et ne vous inquiétez pas de nous ni de l'avenir, nous vous laisserons cent ans de repos pour faire tous vos arrangemens, assurément alors le résultat serait différent. La Russie divisant ces provinces en une douzaine de gouvernemens, et s'occupant patiemment de les repeupler et de les défricher, elle en recevrait nécessairement, avec le temps, une augmentation de forces immense ; encore faudrait-il toutefois supposer qu'il ne surviendrait aucune révolution dans l'empire russe, aucun événement susceptible d'amener une dislocation, supposition assurément très-gratuite.

Mais peut-on penser que la France, l'Autriche, l'Angleterre, la Prusse, et même les Etats secondaires de l'Allemagne, laisseraient faire la Russie à son aise et sans la troubler? Assurément, on ne le pense pas.

La politique des puissances européennes, si elle est prévoyante, doit donc être de laisser faire la Russie.

Si l'empereur Nicolas se décidait à faire la conquête de la Turquie d'Europe, et après l'avoir effectuée, renonçant subitement à la sagesse et à la modération qui paraît être dans son caractère, voulait en faire des gouvernemens russes, les puissances de l'Europe, profitant de l'affaiblissement qui suit une conquête considérable, même lorsqu'elle n'a pas été très-difficile, s'y opposeraient, et la Russie se verrait attaquée par tant de côtés à la fois, que ses moyens de résistance seraient insuffisans. Pour ceux qui ne s'effraient point sans motif, pour ceux qui ne croient pas qu'un jeune souverain qui a montré une sagesse et une habileté prématurées, puisse subitement oublier les intérêts de ses peuples et de sa propre renommée, il n'y a, en vérité, point sujet de s'inquiéter.

Je le répète, s'il convient à l'empereur Nicolas de chasser les Turcs d'Europe, il faut le laisser faire ; ce à quoi il faut que les puissances s'opposent, c'est qu'elle soit transformée en gouvernemens russes. Elles doivent exiger qu'on en fasse des états indépendans. La Russie n'a pas de moyens de se soustraire à cette exigence, qui serait si raisonnable. Ses armées sont, à la vérité, les mieux organisées de l'Europe, pour la conquête ; mais elles sont moins propres que celles d'un pays plus avancé dans la civilisation, à tirer avantage de leurs conquêtes et à les conserver.

Si l'on se décidait à en finir avec les Barbares, et à les refouler en Asie, presque toutes
les puissances de l'Europe y gagneraient. Il
en résulterait une augmentation de commerce
très-rapide ; ces beaux pays n'ont besoin pour
devenir productifs et consommateurs, que
d'être régis par des gouvernemens raisonnables ; car s'ils étaient placés dans cette situation, ils se repeupleraient promptement ;
tous ces émigrans qui vont aux Etats-Unis et
au Brésil préféreraient se rendre dans une
contrée européenne dont la tranquillité serait assurée, et dont la richesse naturelle est
connue. Ce n'est peut-être pas ce que pense
le monde commerçant de l'Angleterre ; mais
lors de la guerre de l'indépendance des Etats-
Unis, l'opinion, en Angleterre, était que le
commerce de la Grande-Bretagne serait totalement ruiné si les Américains obtenaient
leur indépendance ; ils l'ont obtenue, et le
commerce anglais, loin d'en souffrir, a reçu,
par suite de cet événement, une extension
inespérée. Il en sera ainsi si les Turcs sont
chassés d'Europe ; la chose une fois faite, tout
le monde sera content, parce que tout le
monde y trouvera de l'avantage. Malheureusement, les vérités les plus évidentes ne sont

pas visibles pour tous les hommes. Si les ministres dirigeans étaient tous doués de jugement, cette foule de préjugés politiques su-
rannés qui nuit à la tranquillité de l'Europe,
et que l'on met perpétuellement en avant
comme des principes, tomberait bientôt dans
le mépris. Les motifs de contestation entre
les puissances deviendraient si rares, qu'une
longue paix s'établirait. Alors les peuples
cesseraient d'être agités, car l'agitation des
esprits, dont on se plaint, n'est occasionnée
que par les inquiétudes de l'avenir. Détruisez
les causes de ces inquiétudes, et chacun pou-
vant s'occuper avec sécurité de ses affaires
privées, s'occupera moins des affaires publi-
ques. La confiance publique est un *crédit moral* qui ne s'accorde qu'à ceux qui le méritent.

La Turquie d'Europe forme, comme chacun
sait, une grande presqu'île entourée en grande
partie par la mer Noire, le Bosphore, la Médi-
terranée et l'Adriatique.

Je ne m'arrêterai pas à faire une divi-
sion idéale des provinces turques en états
indépendans : ce serait un soin prématuré.
Lorsque le moment sera arrivé, on trouvera
dans les fleuves et les chaînes des montagnes
des divisions naturelles qui existent depuis

la création du monde. Si j'avais, dès à présent, un vœu à exprimer, ce serait que Constantinople, avec un territoire suffisant, devînt une ville libre, à l'instar des villes anséatiques, et dans laquelle tous les Chrétiens de l'Europe qui voudraient s'y établir auraient droit de cité.

Dans l'hypothèse qui nous occupe, 150 mille hommes, divisés en trois armées de 50 mille hommes chaque, suffisent et au-delà à l'accomplissement de l'entreprise. Des forces plus considérables seraient plus nuisibles qu'utiles.

Une armée d'opération de 50 mille hommes marcherait droit aux monts Balkans, et en même temps l'armée de réserve, forte aussi de 50 mille hommes, occuperait les provinces turques situées entre le Pruth et la chaîne des Balkans. Dans des pays abondans en grains et en bestiaux, comme ceux que l'armée aurait à traverser, il ne faut pas une prévoyance bien grande pour nourrir 100 mille Russes, qui, de tous les soldats du monde, sont les plus faciles à nourrir.

On ne doit pas perdre de vue qu'il s'agit d'une invasion, et que les mouvemens de l'ar-

mée d'opération doivent être rapides. Il est
facile d'entretenir au complet une armée
d'opération, lorsqu'elle n'est pas plus nom-
breuse; l'armée de réserve incorpore les traî-
nards, les malades et les estropiés, et les
remplace par des hommes en état de marcher
et de combattre.

Il n'est pas possible aux Turcs d'arrêter la
marche des Russes jusqu'aux monts Balkans;
quelques masses qu'ils opposent, ils seront
défaits toutes les fois qu'ils combattront.

On fait grand bruit des troupes régulières nouvellement formées par le Sultan,
parce qu'on est mal informé, ou parce qu'on
se complaît à prendre des apparences pour
des réalités. Nous qui sommes bien informés,
nous pouvons faire connaître la vérité.

Le Sultan a 25 à 30 mille hommes de
troupes régulières; leur instructeur-général
est un ancien caporal nommé Gaillard, dé-
serteur d'un régiment français. Il a servi
quelques mois sous les ordres du brave colonel Fabvier; les camarades de Gaillard le
chassèrent pour ses méfaits; il s'enfuit à
Constantinople, et Sa Hautesse, faute de
mieux sans doute, en a fait un instructeur-
général. Il est secondé par des officiers et

sous-officiers italiens. Tous les chefs des troupes régulières turques sont Turcs eux-mêmes; les étrangers ne sont qu'instructeurs.

Gaillard et ses aides ont montré aux troupes ottomanes ce qu'ils savaient, c'est-à-dire, le maniement d'arme et un peu de l'école de peloton. Les régimens turcs exécutent passablement les feux, ce qui amuse beaucoup Sa Hautesse, qui est fort assidue aux exercices. Quant à la marche et aux manœuvres, c'est autre chose; le caporal Gaillard et Sa Hautesse n'y ont pas songé, les généraux et les colonels turcs pas davantage. On ne doit pas être fort étonné de cet oubli, car où tous ces gens-là auraient-ils appris que la science de la guerre est dans les jambes?

L'invincible Sultan, toujours victorieux, comme le roi Don Miguel est toujours fidèle, a cru que la science de la guerre consistait dans les feux de file, de peloton, de bataillon, et dans les baïonnettes au bout du fusil; à la première rencontre avec les troupes russes, il changera probablement d'avis, et reconnaîtra que des troupes qui ne savent pas se mouvoir et manœuvrer au pas accéléré, sont aussi facilement que promptement écrasées par quelques batteries d'artillerie légère, et sans que les plus beaux feux de mousqueterie puissent retarder leur destruction.

6 à 8 mille hommes de troupes françaises ou russes, avec une ou deux batteries, manœuvrant en plaine contre l'invincible armée régulière du Sultan, l'anéantiraient entièrement en deux ou trois combats. On ne croit pas ces choses-là à Vienne et à Londres.

L'institution des nizam-gédittes ou seymen, ou troupes régulières, leur mélange avec des yamacks, avec d'anciens yenit-cheri, avec les topraclis, les serrateulis, les spahis, les kourdes, ne sera qu'un inconvénient de plus dans l'armée du Sultan. Si Sa Hautesse était un Pierre-le-Grand; si, avec la volonté ferme et les talens naturels de Pierre, elle avait, comme ce souverain, assez de génie pour vaincre les préjugés religieux et autres de sa nation; si, toute chose en cet état, Sa Hautesse était attaquée par un autre Charles XII, ne disposant que d'une petite armée, avec le temps, assurément, il serait possible qu'à force d'être battus, les Turcs et leur Sultan apprissent à vaincre à leur tour, comme cela est arrivé aux Russes eux-mêmes. Mais alors les Russes avaient pour maître dans la science de la guerre un roi qui, avec son cœur de héros et sa tête de fou, ne pouvait leur opposer qu'une très-petite armée, qu'il n'avait aucun moyen de renouveler. Il devait nécessairement finir par être détruit à force de vaincre. La situation du Sultan est bien différente de celle de Pierre; il peut, à la vérité, opposer des masses, mais des masses brutes, plus barbares, plus ignorantes que ne l'étaient les Russes à l'époque de Charles XII, et l'empereur Nicolas peut opposer au Sultan une ou plusieurs armées, instruites, parfaitement manœuvrières, animées de l'esprit militaire, et assurées de vaincre, car elles connaissent leur force et méprisent leur ennemi. Le Sultan n'a donc aucune chance de succès, aucun espoir de salut.

Pour abréger la guerre, et être certains d'arriver devant Constantinople dès la première campagne, les Russes doivent débarquer 40 à 50 mille hommes au golfe de Bourgas ou à Tersaneh, dès que leur armée d'opération sera arrivée aux monts Balkans et même avant.

L'armée turque se trouvera ainsi coupée et prise entre deux feux. La terreur se répandra à la fois dans Constantinople et dans l'armée ottomane. Le désordre et la confusion, qui en seront la suite, rendront facile le passage des Balkans.

La traversée d'Ac-kerman et d'Odessa est si courte, en côtoyant les bouches du Danube, que toutes espèces de bâtimens sont propres au transport des troupes. On peut d'ailleurs, si l'on ne pouvait pas disposer d'un nombre suffisant de bâtimens, on peut transporter les troupes en plusieurs fois, car 10 mille Russes, appuyés de quelques canonnières ou autres bâtimens de guerre, suffisent pour effectuer un débarquement sur le point de la côte qui aura été choisi, et s'y maintenir contre 60 mille Turcs, en prenant des positions et remuant de la terre. S'il fallait, faute d'un nombre suffisant de bâtimens, faire deux, trois, ou même quatre transports, ce ne serait donc pas un obstacle.

Il serait toutefois à propos de préparer à Odessa une flotille de canonnières; quelques bateaux à vapeur armés de pièces de gros calibre, rendraient aussi de grands services.

Il serait bon de faire usage, contre la cavalerie principalement, des fusées dites congrèves, non pas tant encore pour le mal qu'elles peuvent faire à l'ennemi, qu'à cause de l'épouvante qu'elles occasionneraient. On ne doit négliger aucun moyen de vaincre avec le moins de perte possible.

L'abondance des blés dans le midi de la Russie et à Odessa, rendra facile et peu dispendieux, l'approvisionnement des armées russes. Une armée manœuvrière, animée d'un bon esprit, facile à nourrir, et dont les approvisionnemens sont assurés, a de grandes chances en sa faveur; et lorsqu'elle a en tête un ennemi ignorant, elle est assurée de marcher de succès en succès.

Ces considérations, quoique sommaires, nous portent à penser que les hommes en état de porter un jugement seront d'avis, malgré les opinions opposées, que si les Russes entreprennent d'expulser les Turcs de l'Europe, ils y parviendront en peu de temps, et sans qu'aucun obstacle puisse les en empêcher.

Je ne suis pas partisan des demi-mesures, dans les affaires de guerre et de politique; l'étude de l'histoire, la pratique des affaires, et l'observation, m'en ont fait connaître tous les inconvéniens.

C'est par humanité, pour éviter une longue série de guerres et de calamités, que je souhaite sincèrement qu'on en finisse une bonne fois avec les Turcs, et qu'on les chasse pour jamais du monde civilisé; mais je souhaite cet événement plus que je n'espère le voir réaliser. Nous avons eu l'époque des entreprises gigantesques, audacieuses, jusqu'à la témérité; nous avons aujourd'hui l'époque de la nullité; on prend le petit pour le grand, le moindre bruit pour un événement, une note diplomatique pour une campagne, un accusé de réception pour une victoire; les hommes ne savent s'arrêter ni en montant ni en descendant. Une impulsion est-elle donnée vers le grand, ils veulent tous se donner un air héroïque; une impulsion est-elle donnée vers le sentiment religieux, tous les ambitieux se font petits et humbles. Un peu de génie est un défaut, beaucoup est un vice; avec un peu de franchise vous risquez de passer pour athée, avec beaucoup vous êtes un libéral, un philosophe.

Bientôt il se forme une conspiration entre toutes les médiocrités, contre toutes les forces morales de la société. Tous ces petits hommes s'agitent et parlent, ils s'animent et s'échauffent prodigieusement entre enx; et, chose curieuse, quoique craintifs de leur naturel, quoique les fantômes les effrayent, ils entreprendraient cependant volontiers d'éteindre la lumière du soleil, car ils sont encore plus présomp-

la soutenir et nous contraindre à l'accepter?
Nous étions des rebelles si nous n'acceptions
pas votre constitution, et les partisans de
Chavès et de Salveira étaient traités comme
tels, parce qu'ils la refusaient. Aujourd'hui,
c'est nous qui devenons des rebelles, et sommes
traités comme tels, pour l'avoir acceptée?
Vous venez chez nous exciter une guerre civile, un bouleversement général, et vous vous
excusez avec un prétendu principe? »

Il y a pour les gouvernemens des circonstances qui dominent les opinions personnelles
de ceux qui les composent. Il y a des cas où,
quoique désapprouvant le système suivi par
les ministres auxquels on succède, il n'est
cependant pas permis de le changer; ces cas
sont ceux où la foi publique est engagée. Si
l'Angleterre avait pris parti pour l'absolu-
tisme dans cette querelle, la bonne foi exige-
rait qu'elle soutînt ce parti jusqu'à la fin;
elle avait pris parti pour la constitution, la
bonne foi exigeait qu'elle soutînt la constitution. Lorsque la bonne foi publique est engagée envers une nation étrangère, il n'y a ni
excuse ni prétexte qui puisse autoriser à la
violer. S'il est vrai qu'aucune puissance n'ait
le droit d'intervenir dans les affaires inté-

4

rieures d'un autre, il est encore plus vrai qu'aucune puissance n'a le droit d'exciter la guerre civile dans un pays dont elle se dit l'alliée. La conduite du ministère britannique, dans cette circonstance, manque de loyauté, et aussi de prévoyance, car elle tue la confiance et inspire de justes défiances. On peut avec assurance affirmer que la nation anglaise désapprouvera énergiquement une politique que l'humanité et l'honneur réprouvent.

Le ministère français fait ou doit faire les raisonnemens suivans :

La guerre d'Espagne nous a coûté bien cher, et pourtant elle n'a été guère longue. Si nos habiles prédécesseurs ne s'étaient pas crus plus sages que Mgr le Dauphin, nous serions, de ce côté, dans une meilleure position ; l'Espagne nous eût coûté moins d'argent, et ne nous devrait pas une centaine de millions qu'elle est hors d'état de payer. Si les principes qui avaient dicté l'ordonnance d'Andujar eussent été suivis, l'Espagne recouvrait en peu de temps sa tranquillité, son crédit, et entrait dans une carrière de prospérité. Le contraire est arrivé, et l'état convulsif de ce pays fait redouter une catastrophe prochaine. La conduite de Don Miguel complique encore la question. Comment porter un jugement sur l'avenir de pays où tout se fait sans règles, par caprices, où les haînes sont invérérées, où les assassinats sont l'expression des opinions. L'Angleterre vient d'être honteusement mystifiée; un tel outrage sera-t-il souffert ou sera-t-il puni? l'Angleterre ira-t-elle chercher Don Pedro au Brésil?

Quoi qu'il arrive, on peut prédire au Portugal et à l'Espagne de longs troubles; le meilleur moyen de les abréger serait d'adopter franchement, pour ces deux pays, le système constitutionnel; mais c'est précisément ce que l'on ne fera pas, à moins que la force ne s'en mêle. La France ne peut cependant pas rester étrangère aux affaires et aux intérêts de ces deux Etats, et laisser faire l'Angleterre selon son bon plaisir. Ce n'est donc guère le moment de s'engager dans une autre entreprise, et d'envoyer des troupes en Grèce.

Il est bien vrai que la France est encore, de toutes les grandes puissances de l'Europe, celle dont les finances sont dans le moins mauvais état. Toutefois, les dépenses, sur le pied de paix, balancent les recettes, et même leur sont supérieures; il y a même un vide à remplir; ce vide, on sait bien que ce n'est pas un déficit; cependant, quoique ce ne soit pas un déficit, et que ce soit un vide, il faut bien le remplir, car on n'a point encore vu de trésor public payer avec du vide. Comment le remplir? Il ne s'offre pas d'autre moyen qu'un emprunt. Fort bien, faisons un emprunt *; mais si nous en sommes à faire des emprunts en temps de paix, que ferons-nous si nous nous engageons dans une guerre? Encore des emprunts; mais alors, qui nous prêtera? notre crédit est-il si ferme que la confiance des prêteurs ne puisse être altérée? L'effet d'un acte hostile quelconque est de faire baisser à la fois, et le revenu public, et les fonds publics. Les étrangers, et principalement les Anglais, retireront les capitaux qu'ils ont placés dans nos rentes, ce qui les fera encore baisser. Nous emprunterons cent pour recevoir cinquante, et encore pourrions-nous bien ne pas trouver à emprunter du tout; car enfin, la France n'est pas riche à la manière de l'Angleterre; les capitaux sont loin d'y être aussi abondans; elle est riche de la

---

* Depuis que ceci est écrit, le ministre des finances a effectivement demandé un emprunt de 4 millions de rentes, 5 pour 100, ou 80 millions de capital.

richesse et de la fertilité de son sol, ce sont des richesses *annuelles*, et non pas des richesses en *portefeuille*, comme celles de l'Angleterre. Le gouvernement anglais est riche à la manière des banquiers, qui ont beaucoup de crédit, qui font de grandes affaires, prennent des capitaux de toutes mains, soldent exactement les intérêts, et seraient obligés de déposer leur bilan s'ils venaient à être forcés de liquider. La France est riche à la manière des propriétaires fonciers, c'est une nature de crédit infiniment plus limité. Le papier des plus riches propriétaires circule avec peine à la Bourse et dans le commerce : on ne leur prête qu'à un intérêt élevé et avec difficulté. Cette opinion sur le crédit est-elle fondée sur des principes raisonnables? on peut en douter; ce dont on ne peut douter, c'est qu'elle existe, et que la comparaison est juste.

La France a donc, comme l'Autriche, comme l'Angleterre, quelques raisons valables de ne pas s'engager, si elle peut l'éviter, et elle le peut, dans une guerre où l'on voit bien les chances défavorables qu'elle aurait à craindre, sans voir aussi clairement les chances favorables.

Le rôle de la France est de voir venir. Sa

force la met à l'abri de toute crainte, et lui donne le droit d'être médiatrice. Sa médiation sera toujours écoutée, car il lui suffira toujours de jeter son épée dans la balance, pour la faire pencher.

Il faut cependant venir au secours des Grecs; le traité du 6 juillet est signé. Ce serait maintenant un déshonneur, une véritable honte pour les puissances, d'abandonner ce peuple; puis il y aurait à craindre qu'enfin ils ne se jettassent dans les bras de la Russie, ce qui vaudrait encore mieux pour eux que d'être exterminés, ou même que de se soumettre au gouvernement d'un hospodar, tributaire de la Porte.

Deux moyens qui me paraissent d'une exécution facile, s'offrent, selon mon humble opinion, aux puissances; tous deux me semblent de nature à lever les difficultés et à atteindre le but qu'on se propose.

PREMIER MOYEN.

S'il est avoué qu'une force auxiliaire de 6 mille hommes et une vingtaine de canonnières suffisent pour assurer la liberté des Grecs, il faut en conclure qu'elle ne sera pas refusée.

On peut espérer que dès que les Grecs seront sans inquiétudes sur les invasions de
l'ennemi, ils s'occuperont à rétablir leurs affaires intérieures; qu'ils choisiront une forme
raisonnable de gouvernement; qu'ils feront
des lois et les respecteront; qu'enfin, jaloux
de reprendre leur rang parmi les nations civi-
lisées, ils se dépouilleront des vices qui
souillent les peuples qui ont long-temps vécu
en esclavage, pour se rendre dignes de l'honneur d'être agrégés à la société chrétienne.

S'il est un homme capable de les guider dans
cette nouvelle carrière, c'est certainement le
comte Capo-d'Istria, que les puissances ont
reconnu comme gouverneur de la Grèce.

Mais pourquoi se le dissimuler; le comte
Capo-d'Istria, malgré sa haute capacité, malgré son dévouement à sa patrie, ne pourra
pas faire le bien, si on ne lui en fournit les
moyens.

L'influence de la vertu ne peut s'exercer
que sur des hommes qui savent distinguer le
bien du mal, et peu de Grecs sont aujourd'hui
dans le cas de faire cette distinction; ils ont
été trop long-temps gouvernés par la violence
capricieuse, pour qu'ils puissent généralement comprendre tout d'un coup le respect

et l'obéissance que les citoyens doivent aux lois et au gouvernement national.

L'esclave qui a long-temps porté les chaînes ne devient citoyen que quand les marques de ses fers sont effacées; dans les premiers temps, il croit que l'insubordination est la liberté. Sans moyen de répression, le chef du gouvernement grec n'aura aucun pouvoir pour faire le bien; les capitani l'entraveront par ignorance, par jalousie, par avarice; ils égareront le peuple, et feront des factions qui s'entre-détruiront.

Si les puissances se cotisaient pour mettre à la disposition du chef du gouvernement grec huit à dix millions par an, pendant trois années seulement, il aurait alors les moyens de justifier la confiance qu'elles ont mise en lui; il aurait les moyens de faire le bien, et il le ferait, car il a volonté et capacité.

Si les puissances s'entendent pour envoyer en Grèce des troupes auxiliaires, il leur en coûtera grand nombre de millions, car les grands États ne savent rien faire avec économie; et, au bout du compte, comme il arrive dans toutes les interventions, comme il nous est arrivé en Espagne, comme il est arrivé aux

Anglais en Portugal, la nation ou les nations qui enverront des troupes étrangères, ne recueilleront que de la haine, pour prix du service qu'elles auront rendu aux Grecs. Si les Américains ont conservé de la reconnaissance pour les secours que leur accorda la France, c'est que ce peuple était éclairé, et déjà fort avancé dans la civilisation.

DEUXIÈME MOYEN.

L'Ordre de Malte n'est pas détruit, sa souveraineté est seulement suspendue, ses droits sont restés entiers. Il ne lui manque qu'un chef-lieu pour en jouir pleinement. Ses droits sur l'île de Rhodes ne seraient pas contestés, s'il s'en remettait en possession, et soit Rhodes, soit un autre point, il ne manque pas d'îles dans l'Archipel dont il peut faire un chef-lieu.

Les puissances peuvent se servir de cet Ordre comme d'un moyen de trancher la question.

L'Ordre souverain de Malte ou Rhodes pourrait être rétabli *comme une sorte de légion-d'honneur européenne*, qui ouvrirait ses rangs à tous ceux qui cherchent de la gloire. Au-

cune puissance ne peut être jalouse d'une telle
institution, car elle n'est contraire aux intérêts d'aucune, et, dans la circonstance pré-
sente, elle peut servir à la fois les intérêts de
toutes les puissances et ceux des Grecs.

L'Ordre porterait en Grèce la science de la
guerre et les mœurs de la civilisation; il fon-
derait plusieurs collèges pour instruire les
jeunes Grecs dans la guerre, la marine, les
sciences, les arts. Cette institution serait pour
ce peuple un bienfait immense, un germe fé-
cond de régénération.

Il appartiendrait à la France de donner aux
autres puissances l'exemple de l'équité, en
reudaut à cette institution, qn'il est si facile
de rajeunir, la très-minime partie de ses
biens, qui n'a pas été vendue, à charge par
l'Ordre d'entretenir, pendant trois années,
6 mille hommes de troupes auxiliaires pour
assurer l'indépendance des Grecs.

Le peu que la France rendrait à l'Ordre
ne suffirait pas à cette dépense; mais les autres
puissances imiteraient cette exemple; l'Ordre
a d'ailleurs d'autres ressources; et nous sa-
vons d'une manière certaine, que, pour un
but si louable, il trouverait du crédit.

Les portions de bois qui ont appartenu à

l'Ordre, et dont jouit le domaine de France, produisent un revenu si modique, qu'on peut bien dire que ce n'est rien pour une si grande puissance; peut-être un centime ou un centime et demi de revenu à chaque Français. Quel est celui qui regretterait d'avoir un centime ou un centime et demi de plus à payer pour un tel motif?

Et, laissant de côté les raisons de politique et d'équité, ne serait-ce pas pour la France une véritable économie, que d'employer l'expédient que j'indique, puisqu'il est évident que la plus petite expédition, faite directement par le gouvernement, coûtera le triple ou peut-être le quadruple, du montant de la restitution proposée.

Je pourrais entrer dans des détails qui prouveraient cette assertion, mais je m'en abstiens, parce qu'on les prendrait pour des critiques, ce que je veux absolument éviter. D'ailleurs, pour qu'ils devinssent nécessaires, il faudrait que le principe fût adopté.

Nous avons la conviction que le rétablissement de l'Ordre de Malte concilierait les intérêts politiques, et ceux de l'humanité; qu'enfin les engagemens, contractés par le traité du 6 juillet, pourraient être remplis sans secousse et sans compromettre les puissances qui l'ont contracté ou qui y ont adhéré.

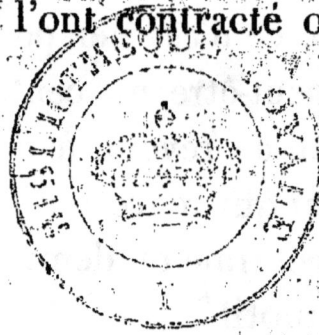

FIN.

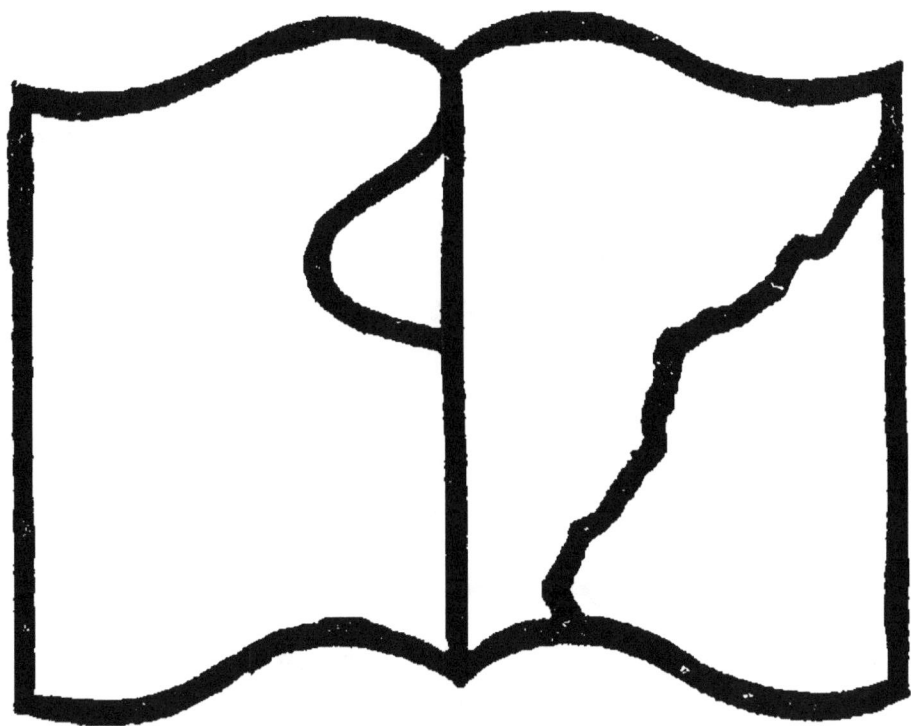